Melanie Bettner

Lapbooks im Ethikunterricht

Praktische Hinweise und Gestaltungsvorlagen für Klappbücher zu zentralen Lehrplanthemen

PERSEN

Melanie Bettner ist Diplom-Pädagogin, diplomierte Legasthenie- und Dyskalkulietrainerin, zertifizierte Konzentrations- und Verhaltenstrainerin, Lerntrainerin und Leiterin einer Lernhilfepraxis.

Wir verwenden in unseren Werken eine genderneutrale Sprache, damit sich alle gleichermaßen angesprochen fühlen. Wenn keine neutrale Formulierung möglich ist, nennen wir die weibliche und die männliche Form. In Fällen, in denen wir aufgrund einer besseren Lesbarkeit nur ein Geschlecht nennen können, achten wir darauf, den unterschiedlichen Geschlechtsidentitäten gleichermaßen gerecht zu werden.

In diesem Werk sind nach dem MarkenG geschützte Marken und sonstige Kennzeichen für eine bessere Lesbarkeit nicht besonders kenntlich gemacht. Es kann also aus dem Fehlen eines entsprechenden Hinweises nicht geschlossen werden, dass es sich um einen freien Warennamen handelt.

4. Auflage 2026

AAP Lehrerwelt GmbH
Veritaskai 3
21079 Hamburg
Telefon: +49 (0) 40325083-040
E-Mail: info@lehrerwelt.de
Geschäftsführung: Andrea Fischer, Sandra Saghbazarian
USt-ID: DE 173 77 61 42
Register: AG Hamburg HRB/126335

Autorschaft:	Melanie Bettner
Covergestaltung:	TSA&B Werbeagentur GmbH, Hamburg
Illustrationen:	Rebecca Meyer sowie Julia Flasche (Arbeitspiktogramme, Standuhr S. 61), Barbara Gerth (Hängematte S. 13, Haare/Hose/Auge S. 16, Mülleimer S. 24, Baby S. 58), Alexandra Hanneforth (Musterklammer), Katharina Reichert-Scarborough (Trösten S. 22, Leise sein S. 24), Georg Wieborg (Stoppuhr S. 64), Satzpunkt Ursula Ewert GmbH (Bastelvorlagen)
Satz:	Satzpunkt Ursula Ewert GmbH, Bayreuth
Druck und Bindung:	PMLS GmbH & Co. KG, Kassel

ISBN/Bestellnummer: 978-3-403-20177-9
www.persen.de

Was sind Lapbooks[1]?

Ein Lapbook ist ein Klappbuch, eine kleine Mappe, die sich mehrfach ausklappen lässt und von den Kindern individuell gestaltet und ausgestattet werden kann. So passen zum Beispiel kleine Taschen, Faltbücher, Klapphefte, Drehscheiben, Leporellos, Bilder u. v. m. hinein. Durch das Gestalten ihres Klappbuchs können die Schüler[2] ihre Lernergebnisse durch Basteln, Schreiben und Ausarbeiten festhalten. Dies geschieht auf eine motivierende, kreative Weise und alle erzielen dabei ein eigenes Ergebnis. Jedes Lapbook ist individuell, keines sieht aus wie das andere. Die Kinder entscheiden selbstständig, wie sie mit erarbeiteten Informationen umgehen, und bringen dabei unterschiedliche Aspekte schriftlich und gestalterisch in ihr Buch ein.

Einsatz von Lapbooks im Unterricht

Lapbooks können in nahezu allen Fächern eingesetzt werden. Im Ethikunterricht gelingt dies besonders gut, da sich die einzelnen Themen gut strukturieren lassen. Dadurch werden die Nachhaltigkeit und Merkfähigkeit der Themen beim Schüler verstärkt. Die dauerhafte Integration von ikonischen und symbolischen Elementen führt weiterhin zu einem vertiefenden Verständnis. Die Dynamik der Klappelemente weckt die Neugier, Motivation und Merkfähigkeit und variiert die Aufgaben.

Zielsetzung

Die Kinder

- setzen sich intensiv mit dem Thema auseinander,
- verschaffen sich selbstständig Informationen,
- arbeiten individuell,
- dokumentieren und präsentieren ihre Ergebnisse,
- lernen und wiederholen die Inhalte.

Material

Bedingung für die Arbeit mit Lapbooks ist eine Vielfalt an Materialien. Ausgelegt werden sollten:

- Tonpapier, Tonkarton und farbiges Papier
- Lapbook-Vorlagen (mehrfach kopiert)
- kopierte Infokarten zu den Themen
- Musterklammern
- Klebestifte
- Stifte
- Scheren

Vorgehen

Je nachdem, ob und wie Sie das vorliegende Material nutzen und erweitern möchten, sollte für jedes Kind am besten ein DIN-A3-Bogen Pappe oder festeres Papier zur Verfügung stehen.
Das DIN-A4-Format ist auch möglich, doch dann fallen die Lapbooks recht klein aus und die Kopiervorlagen müssen angepasst werden. Die Seiten des in Querformat gelegten Pappbogens werden zur Mitte hin umgeklappt, sodass ein aufklappbares Buch entsteht. Nach oben und unten kann diese Grundform durch weitere klappbare Elemente erweitert werden.
In dieses Buch hinein basteln und gestalten die Kinder nun mit verschiedenen Elementen zum jeweiligen Thema. Es bietet sich an, die Kopiervorlagen von den Schülern zum Beispiel durch Anmalen farblich gestalten zu lassen.
Zu jedem Lapbook liegen mehr Vorlagen vor, als benötigt werden. Hier kann entweder durch die Lehrkraft eine Auswahl und Differenzierung vorgenommen werden oder aber man lässt die Schüler selbst eine Auswahl treffen.

Differenzierung

Die Schüler können sich zunächst eigenständig mit den Kopiervorlagen auseinandersetzen. Kinder haben Freude daran, ihre fertigen Lapbooks der Klasse zu präsentieren, und sie wiederholen dadurch ganz nebenbei die Lerninhalte.

[1] Vgl. Klara Kirschbaum: Lapbooks im Sachunterricht - 3./4. Klasse, Persen Verlag, AAP Lehrerfachverlage GmbH, Hamburg 2017

[2] Wir sprechen hier wegen der besseren Lesbarkeit von Schülern bzw. Lehrern in der verallgemeinernden Form. Selbstverständlich sind auch alle Schülerinnen und Lehrerinnen gemeint.

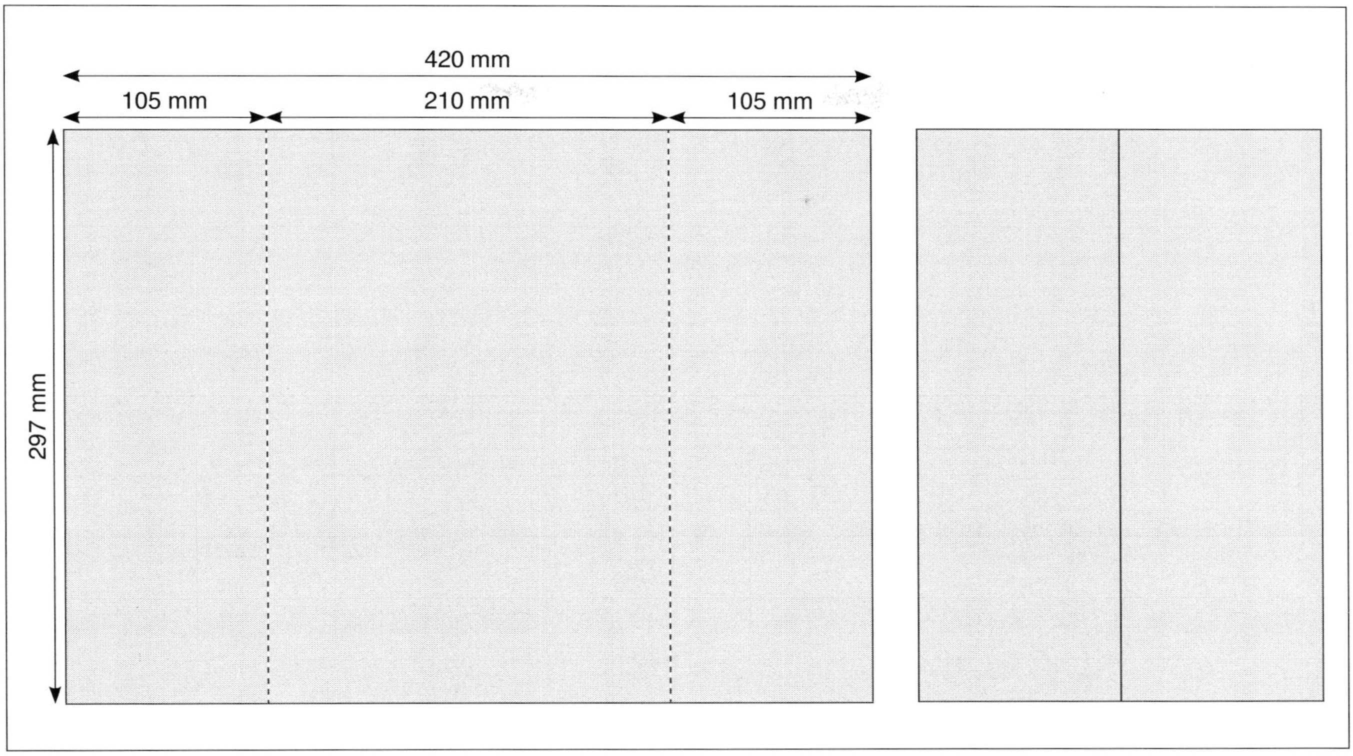

Jedes Lapbook sieht anders aus und zeigt somit ein individuelles Lernergebnis, was die Präsentation und Besprechung mit der Klasse besonders abwechslungsreich und spannend macht. Für leistungsschwächere Schüler bietet es sich zudem an, als Hilfestellung einen „Lageplan" für die einzelnen Klappelemente und die Gestaltung des Lapbooks anzubieten.

Bewertung

Die Kinder erarbeiten sich die Inhalte des Themas selbstständig. Parallel zum Unterrichtsverlauf bietet es sich an, eine Tabelle anzulegen, die als eine Art Bewertungsraster verwendet werden kann. Ein Beispiel finden Sie auf Seite 78. Die fertigen Klappbücher können nach den Präsentationen eingesammelt und von der Lehrkraft als Portfolio der Arbeit genutzt werden.

Klassenstufen

In jüngeren Jahrgängen bietet sich eine behutsame Heranführung an die Arbeit mit Lapbooks an. Zu Beginn jeder Stunde können die Kinder mithilfe ihres Lapbooks die erarbeiteten Inhalte wiederholen. Eventuell kann in jeder Stunde eine kleine Anzahl an Lapbook-Elementen bereitgestellt werden. Dann werden die Aufgaben Schritt für Schritt erweitert – und somit entwickelt sich das Klappbuch im Laufe einer Unterrichtseinheit. Zudem sollten in den Klassen 1 und 2 noch stärkere Vorgaben gemacht und konkrete Aufgabenstellungen formuliert werden; auch die (Sach-)Informationen werden von der Lehrkraft vorgegeben. Je mehr die Kinder mit der Methode Lapbook vertraut sind, desto freier können sie sich ein Thema erarbeiten, bis sie irgendwann nur noch Blankovorlagen erhalten und sich das Thema ganz eigenständig erarbeiten.

Male die Vorlagen für das Deckblatt an und schreibe deinen Namen auf die Linien.

Schneide die Vorlagen aus und klebe sie auf dein Lapbook.

Ich als Person

Dieses Lapbook gehört: ______________________

____

Schneide die Vorlagen aus. Falte die Vorlage.

Klebe die Überschriften auf den Klappdeckel.

Was sind angenehme Gefühle? Was sind unangenehme Gefühle?

Für angenehme Gefühle malst du eine Sonne vor das Wort, für unangenehme Gefühle malst du eine Wolke vor das Wort.

Klebe die Vorlage auf dein Lapbook.

fröhlich

wütend

ängstlich

stolz

verliebt

glücklich

aufgeregt

traurig

angenehme Gefühle

unangenehme Gefühle

Male diese vier Bilder in die Kreisabschnitte.

Schneide die Vorlagen aus.

Klebe den Pfeil auf Tonpapier.

Befestige den Pfeil mit einer Musterklammer auf der Vorlage.

Falte die Vorlage. Klebe die Vorlage auf dein Lapbook.

Wie fühlst du dich? Stelle den Zeiger ein.

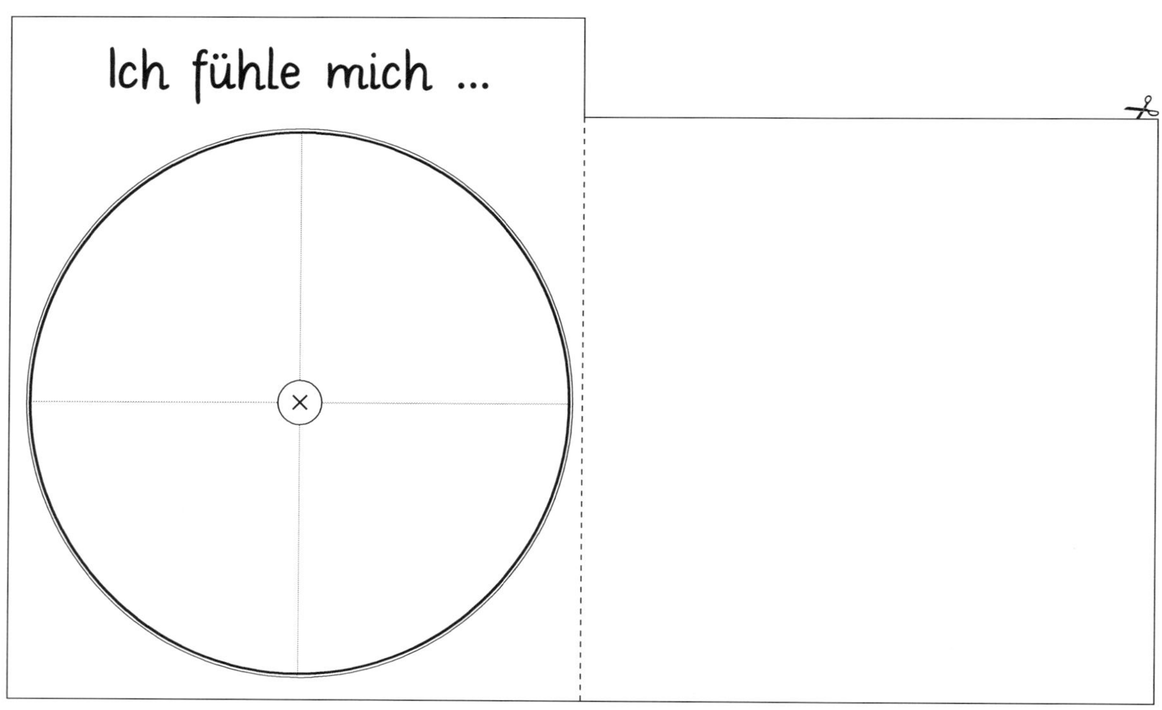

Schneide die Vorlagen aus.

Schneide die Klipp-Klapp-Karten an der Linie ein.

Ordne die Wörter den passenden Gesichtern zu und klebe sie auf die leeren Kästchen.

Klebe die Klipp-Klapp-Karten an der Klebefläche aufeinander. Das Deckblatt kommt ganz nach oben.

Klebe die letzte Seite der Klipp-Klapp-Karten auf dein Lapbook.

Welcher Gesichtsausdruck und welche Körperhaltung passen zusammen?

Deckblatt

Gesichtsausdruck

Gefühle-
Klipp-Klapp

Körperhaltung

wütend	enttäuscht
ängstlich	glücklich
fröhlich	

Klebefläche

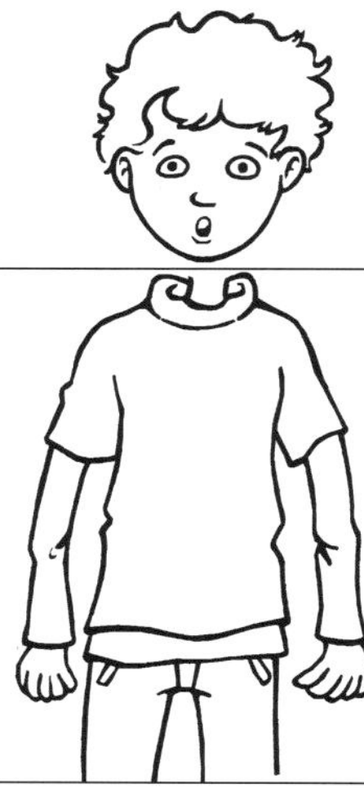

Klebefläche

Klebefläche

Klebefläche letzte Seite der Klipp-Klapp-Karten

Was macht dich wütend? Male ein Bild auf die leere Seite.

Was machst du gegen die Wut? Schreibe auf die Linien einen Trick, wie man Wut wieder loswerden kann.

Schneide die Vorlagen aus. Falte die Vorlage.

Klebe die Überschrift auf den Klappdeckel.

Klebe die Vorlage auf dein Lapbook.

Das macht mich wütend:

Mein Trick gegen die Wut:

____

____

____

____

____

Wie siehst du aus, wenn du Angst hast? Male in das leere Gesicht.

Was hat dir schon mal Angst gemacht? Schreibe dein schlimmstes Angsterlebnis auf die Linien.

Schneide die Vorlagen aus. Falte die Vorlage.

Klebe die Überschrift auf den Klappdeckel.

Klebe die Vorlage auf dein Lapbook.

So sehe ich aus,
wenn ich Angst habe:

Mein schlimmstes
Angsterlebnis:

____

____

____

____

____

Welche Dinge strengen dich an? Welche Dinge entspannen dich?

Schreibe in jede Wolke und Sonne ein Wort.

Schneide die Vorlagen aus.

**Klebe die Vorlagen an der Klebefläche aufeinander.
Das Deckblatt kommt ganz nach oben.**

Klebe die Vorlage auf dein Lapbook.

Deckblatt

Dinge, die anstrengen

Dinge, die entspannen

Anstrengung

Drei Dinge, die mich anstrengen:

Klebefläche

Klebefläche

Entspannung

Drei Dinge, die mich entspannen:

Welche Dinge bereiten dir Freude?

Male auf die Insel Gegenstände, Personen und Ereignisse, die dich glücklich machen.

Schneide die Vorlage aus. Falte die Vorlage.

Klebe die Überschrift auf den Klappdeckel.

Klebe die Vorlage auf dein Lapbook.

Meine Insel der Freude

Schneide die Vorlagen aus.

Wähle die Karten, die zeigen, woran man Gefühle erkennt.

Klebe die Karten in die Vorlage. Falte die Vorlage.

Klebe die Klappkarte auf dein Lapbook.

Gesicht (Mimik)	Haarfarbe	Hände (Gestik)
Stimme	Fußstellung	Kleidung
Körperhaltung	Augenfarbe	

Male die Vorlagen für das Deckblatt an und schreibe deinen Namen auf die Linien.

Schneide die Vorlagen aus und klebe sie auf dein Lapbook.

Ich und die anderen

Dieses Lapbook gehört: ______________________

____

Schneide die Vorlagen aus.

Ordne die Wortkarten den Bildern zu und klebe sie an den äußeren Rand.

Lege die Drehscheiben aufeinander und verbinde sie mit einer Musterklammer.

Klebe die Drehscheibe auf dein Lapbook.

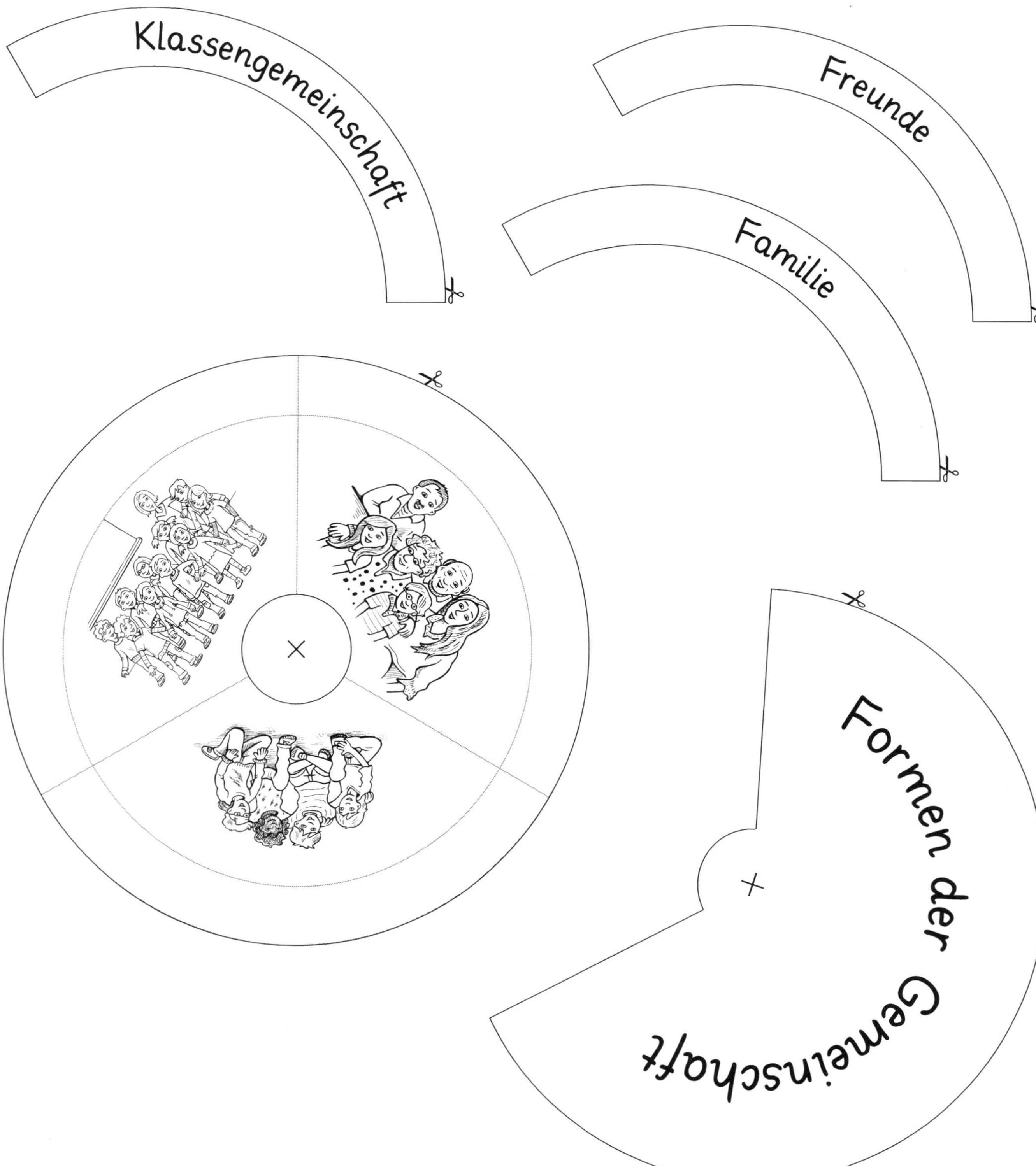

Schneide die Vorlage aus und falte sie. Das Bild soll vorne sein.

Klebe die Klappkarte auf dein Lapbook.

Wähle die Karten, die zeigen, was für dich in der Familie besonders wichtig ist.

Male oder schreibe eigene Beispiele auf die leeren Karten.

Schneide die Karten aus und klebe sie in die Klappkarte.

Wir helfen uns gegenseitig. 	Wir hören uns gegenseitig zu. 	Wir vertragen uns. 
Wir machen gemeinsam Ausflüge. 	Wir begrüßen uns. 	Wir spielen zusammen. 

Schneide die Vorlage und die Bilder aus.

Falte die Vorlage.

Klebe die Bilder von außen auf die beiden Klappdeckel.

Klebe die Klappkarte auf dein Lapbook.

Das ist bei
Freunden wichtig!

Wähle die Karten, die zeigen, was dir bei einer Freundschaft wichtig ist.

Male oder schreibe eigene Beispiele auf die leeren Karten.

Schneide die Karten aus und klebe sie in die Vorlage.

Wir trösten uns gegenseitig. 	Wir begrüßen uns. 	Wir kämpfen miteinander. 
Wir spielen zusammen. 	Wir teilen. 	Wir schlichten, wenn andere sich streiten. 

Schneide die Vorlage aus und falte sie. Das Bild soll vorne sein.

Klebe die Klappkarte auf dein Lapbook.

Das ist
in der Schule
wichtig!

In der Schule sollte sich jeder wohlfühlen.

Wähle die Karten, die zeigen, was für dich in der Schule besonders wichtig ist.

Male oder schreibe eigene Beispiele auf die leeren Karten.

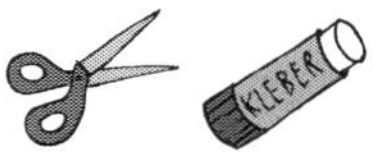

Schneide die Karten aus und klebe sie in die Vorlage.

Wir vereinbaren Regeln und halten sie ein. 	Wir ernähren uns gesund. 	Wir melden uns im Unterricht. 
Wir sind freundlich zu allen. 	Wir gehen langsam und leise durch das Schulgebäude. 	Wir halten den Schulhof sauber. 

Schneide die Vorlagen aus.

Bringe den Satz in die richtige Reihenfolge und klebe ihn in den Rahmen.

Klebe den Rahmen auf dein Lapbook.

was ich selbst

auch keinem anderen an.

Das,

tu ich

nicht leiden kann,

Schneide die Vorlagen aus.

Falte die Vorlagen und lege sie aufeinander.
Die Vorlage mit dem Herz kommt ganz nach oben.

Klebe die leeren Seiten aneinander.

Klebe das Faltbuch auf dein Lapbook.

So helfe ich:

So helfe ich:

So helfe ich:

So helfe ich:

Schneide die Bilder aus.

Wähle vier Bilder aus und klebe sie in das Faltbuch.

Schreibe unter jedes Bild, was zu sehen ist.

Male oder schreibe auf die rechte Seite, wie du helfen könntest.

Schneide die Vorlagen aus.

Falte die Vorlagen und lege sie aufeinander.

Klebe die leeren Seiten aneinander und die Vorlage mit dem Stern auf die erste Seite.

Klebe das Faltbuch auf dein Lapbook.

So nehme ich Rücksicht

So nehme ich Rücksicht:

So nehme ich Rücksicht:

So nehme ich Rücksicht:

So nehme ich Rücksicht:

Schneide die Bilder aus.

Wähle vier Bilder aus und klebe sie in das Faltbuch.

Schreibe unter jedes Bild, was gerade passiert.

Male oder schreibe auf die rechte Seite, wie man Rücksicht aufeinander nehmen kann.

Schneide die Vorlagen aus.

Setze die Puzzleteile richtig zusammen und klebe sie in den Rahmen.

Schreibe in die Sprechblase, welche Gedanken dem Mädchen durch den Kopf gehen.

Teilen

Vorlage

Informiere dich.
Lies die Infokarte oder lass sie dir vorlesen.

Die Entstehung der Erde

Vor vielen Milliarden Jahren gab es noch keine Sterne oder Planeten, es war dunkel. Ein winzig kleines Pünktchen explodierte plötzlich und es gab einen gewaltigen Knall. Man nennt das den Urknall.
Nach dem Urknall bildeten sich riesige Wolken aus Wasserdampf und Gas.
Daraus entstanden die Sonne und einige Planeten.
Einer davon ist unsere Erde.
Im Laufe der Zeit kühlte sich die Erde immer weiter ab.
Es entwickelten sich Meere, Berge und Täler. Die Sonne schien.
Sie brachte Licht und Wärme auf die Erde.

Charles Darwin

Vor vielen Jahren wussten die Menschen noch nicht, wie sich die Tier- und Pflanzenarten entwickelt haben. Man vermutete, dass die Tiere und Pflanzen dieser Erde schon immer so aussahen, wie man sie kannte. Das dachte Charles Darwin zuerst auch.
Charles Darwin war ein englischer Naturforscher. Während seiner langen Forschungsreisen auf seinem Segelschiff untersuchte er viele Tiere und Pflanzen. Dabei entdeckte er, dass sich alle Lebewesen allmählich verändern und an ihre Umgebung anpassen.
Bei genauerer Betrachtung war zu sehen, dass sie viele Gemeinsamkeiten haben. Charles Darwin hatte damit etwas wirklich Großartiges herausgefunden. In der Wissenschaft wird diese Entwicklung von Lebewesen Evolution genannt.

Male die Vorlagen für das Deckblatt an und schreibe deinen Namen auf die Linien.

Schneide die Vorlagen aus und klebe sie auf dein Lapbook.

Ich und die Welt

Dieses Lapbook gehört: ____________________

____

Schneide die Vorlagen und die Bilder aus.

Klebe die Bilder in die leeren Felder unter die richtigen Überschriften.

Lege die Drehscheiben aufeinander und verbinde sie mit einer Musterklammer.

Klebe die Drehscheibe auf dein Lapbook.

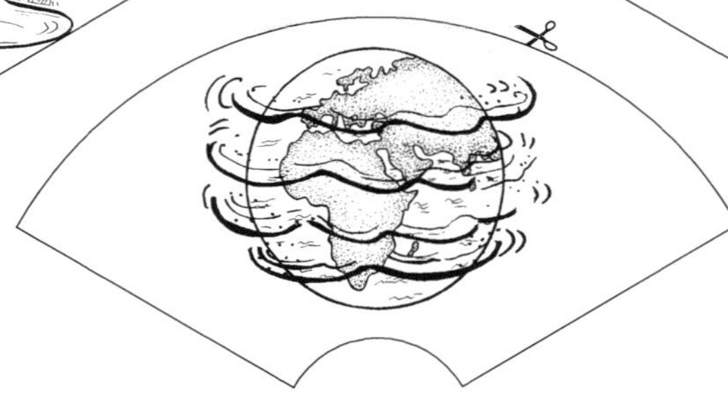

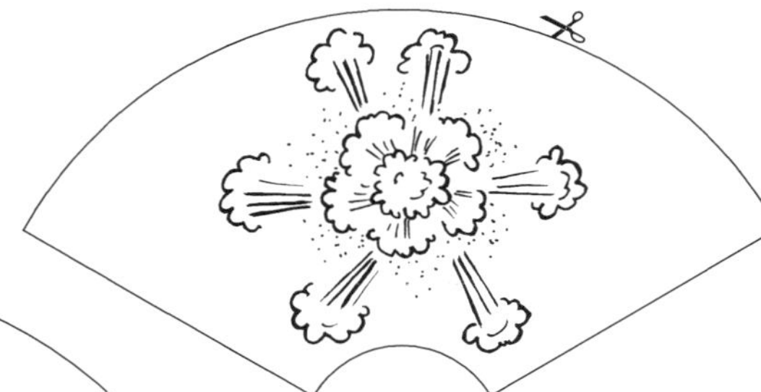

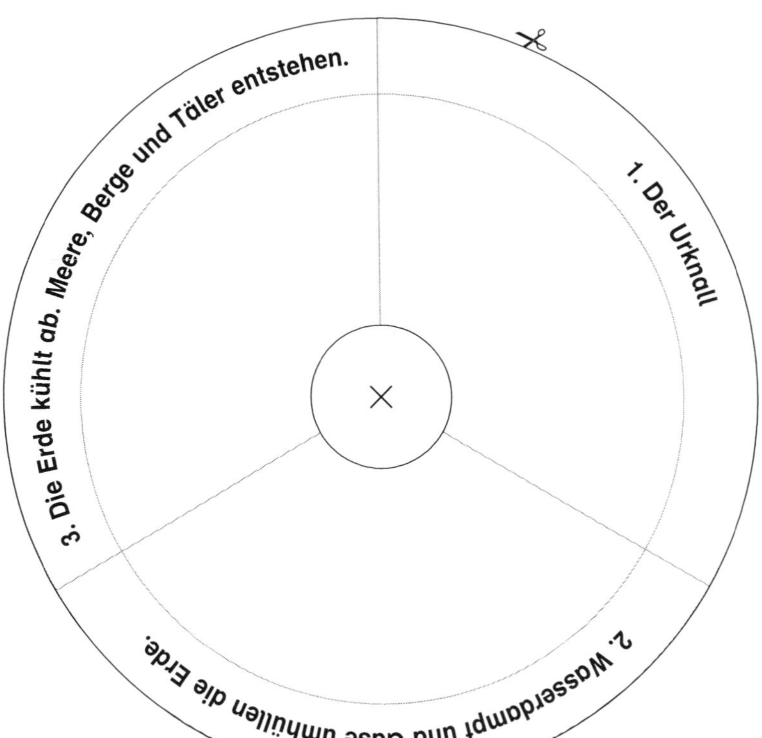

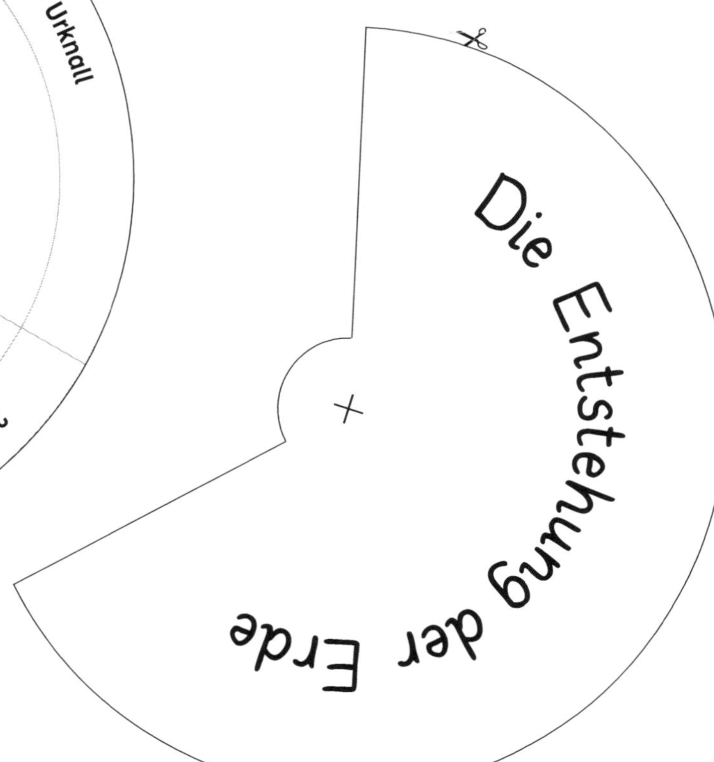

Schneide die Vorlagen aus.

Sortiere die Entwicklung der Pflanzen und Tiere in die richtige Reihenfolge.

Klebe die Vorlagen aufeinander. Die Seite mit der Überschrift kommt ganz nach oben.

Klebe die letzte Seite der Vorlage auf dein Lapbook.

Die Entwicklung der Pflanzen und Tiere

Klebefläche

Schließlich entstanden die ersten Säugetiere. Dazu gehörten Mammuts, Büffel und Urpferde.

Klebefläche

Nun entwickelten sich die Dinosaurier. Hohe Bäume begannen zu wachsen.

Klebefläche

Erst viele Jahre später gab es Fische.

Die ersten Tiere gingen an Land. Verschiedene erste Landpflanzen wuchsen.

Klebefläche

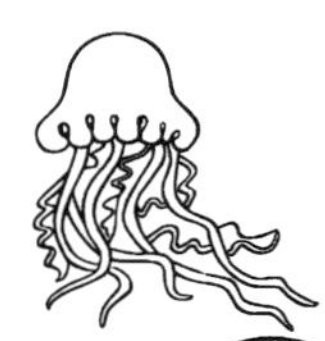

Nach den Einzellern entstanden die ersten Wassertiere. Dazu gehörten zum Beispiel Schnecken und Quallen.

Klebefläche

Vor vielen Milliarden Jahren begann das erste Leben mit einzelligen Lebewesen, den Einzellern.

Übertrage die Fernseherschablone auf schwarzes Tonpapier und schneide sie aus.

Schneide auch die Öffnung aus.

Falte den Fernseher und klebe ihn unten mit Klebestreifen zusammen.

Klebe den Fernseher auf dein Lapbook.

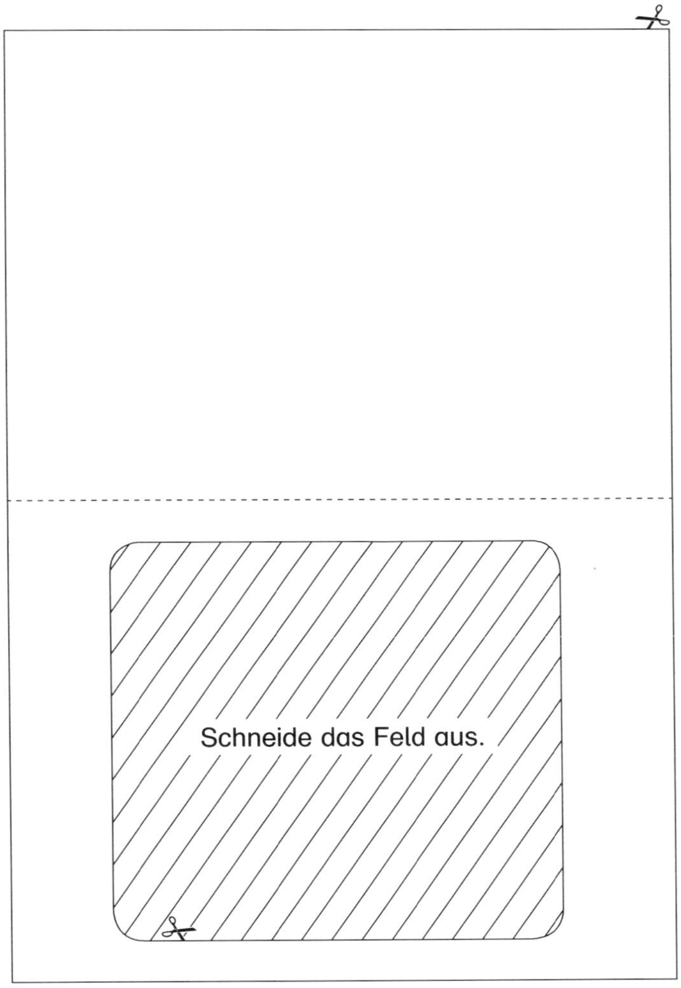

Schneide die Vorlagen aus.

Sortiere die Entwicklung des Menschen in die richtige Reihenfolge.

Klebe die Vorlagen aneinander. Die Vorlage mit der Überschrift kommt an den Anfang.

Schiebe den Streifen durch die Fernsehervorlage.

Falte den Streifen und hefte ihn mit einer Büroklammer an dein Lapbook.

Die Entwicklung des Menschen

Klebefläche

Klebefläche

Klebefläche

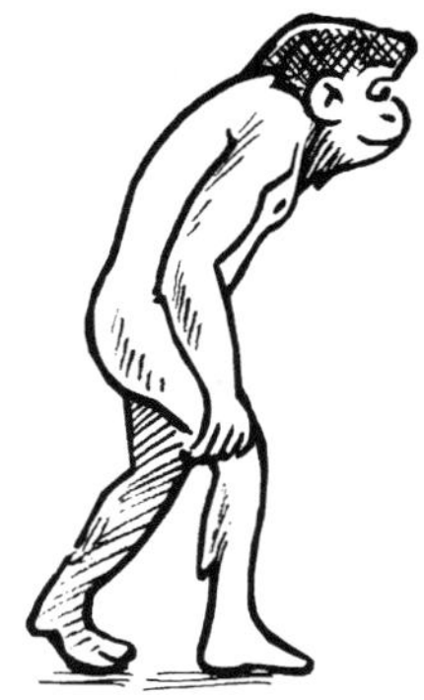

Klebefläche

Klebefläche

Schneide die Vorlage aus. Schneide auch die vier Linien ein.

Falte die Vorlage und klebe den mittleren Teil auf dein Lapbook.

Zur Zeit Jesu Christi glaubte man, dass die Erde eine große Scheibe ist, die rundherum vom Meer umgeben ist. Darüber sollte sich das Himmelsgewölbe befinden, über das die Götter in Gestalt von Sonne, Mond und Sterne fahren und den Menschen Licht und Wärme, Tag und Nacht bringen.

Später, um 150 n. Chr., entwickelte der Gelehrte Ptolemäus ein neues Weltbild. Viele Jahrhunderte glaubte man, dass die Erde der Mittelpunkt des Weltalls ist. Mond, Sonne und Planeten sollten sich um die Erde in verschiedenen Bahnen bewegen. Ganz außen vermutete man die Fixsterne.

Erst im 16. Jahrhundert wurde vor allem aufgrund der Forschung des Astronomen Kopernikus entdeckt, dass die Sonne im Zentrum des Sonnensystems steht und alle unsere Planeten um sie herumkreisen.

Schneide die Karten und die Überschriften aus.

Sortiere die Karten zu den richtigen Weltbildern und klebe sie unter die Texte.

Klebe von außen auf den schmalen Streifen die richtige Überschrift.

Male die Weltbilder entsprechend der Texte aus.

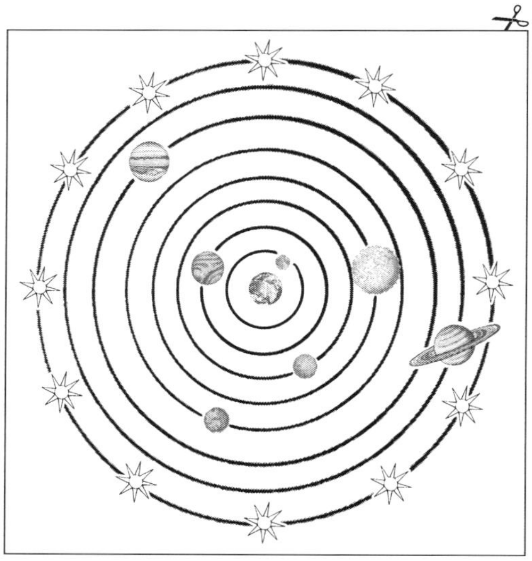

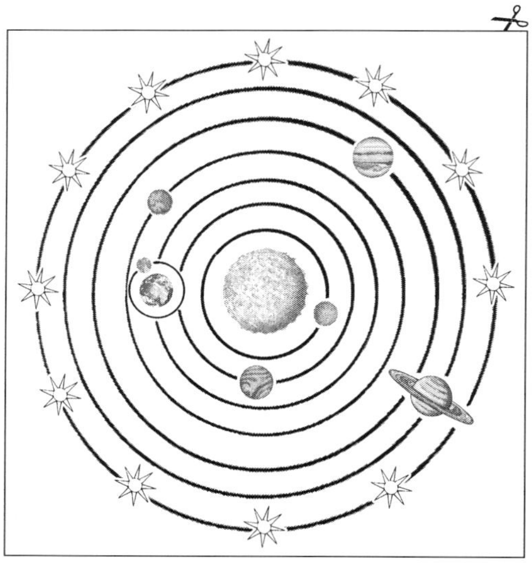

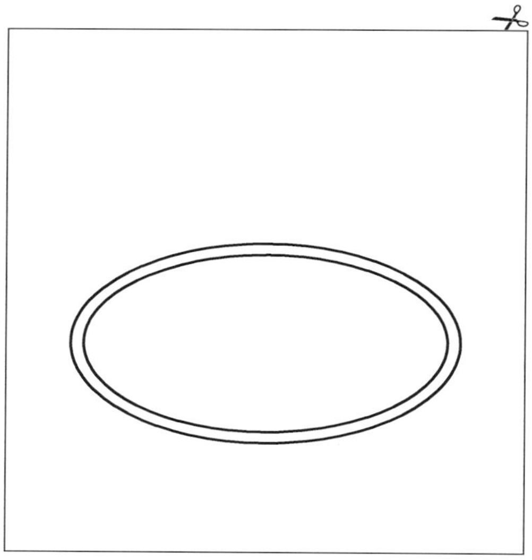

Die Erde bildet den Mittelpunkt der Welt.

Die Erde ist eine Scheibe.

Unsere Erde ist Teil des Sonnensystems.

Schneide die Vorlage aus und falte sie.

Klebe die Seitenlaschen fest.

Klebe die Tasche auf dein Lapbook.

Bastle die Minibuch-Vorlage von der nächsten Seite nach dieser Anleitung[1].

1. Lege die Vorlage quer auf den Tisch. Die bedruckte Seite kommt nach unten.

2. Falte das Papier der Länge nach zusammen und klappe es wieder auf.

3. Falte das Papier einmal quer und klappe es wieder auf.

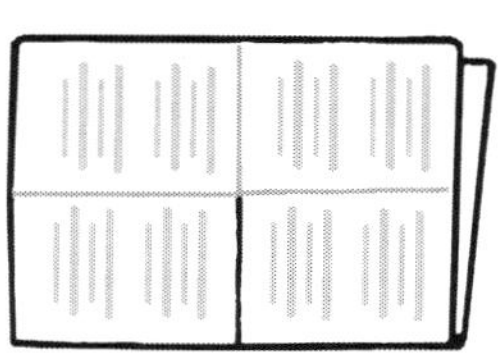

4. Falte die beiden Querseiten so, dass ein Zickzackmuster entsteht. (Von der Seite sieht es wie ein „M" aus.)

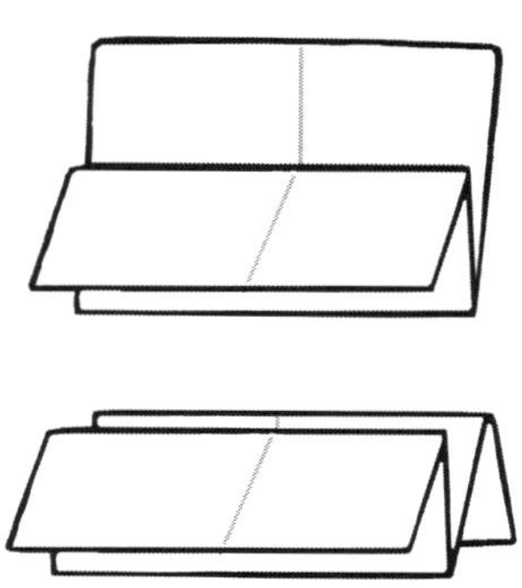

5. Schneide das Papier an der geschlossenen Seite bis zur Mitte ein.

6. Klappe das Papier wieder ganz auf. Die bedruckte Seite kommt nach oben. Falte das Blatt der Länge nach und schiebe es zusammen. So entsteht ein Stern.

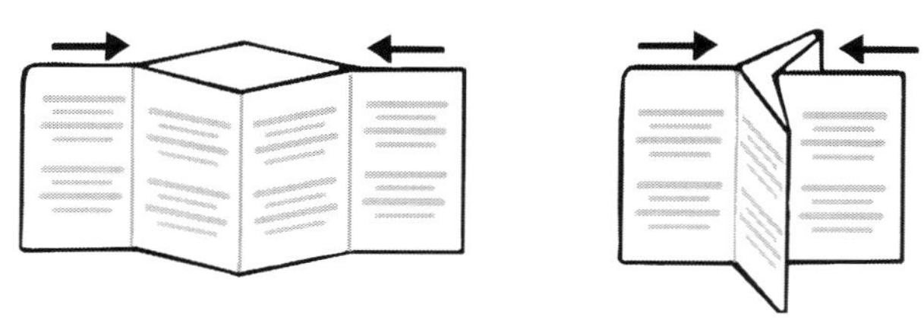

7. Klappe alles nach rechts um – und du hast ein Buch!

[1] Vgl. Klara Kirschbaum: Lapbooks im Sachunterricht - 3./4. Klasse, Persen Verlag, AAP Lehrerfachverlage GmbH, Hamburg 2017, Seite 18

3. Tag

2. Tag

4. Tag

1. Tag

5. Tag

Am Anfang schuf Gott Himmel und Erde.

6. Tag

7. Tag

Schneide die Karten aus.

Sortiere die Karten der Schöpfungsgeschichte in die richtige Reihenfolge und klebe sie in das Faltbuch.

Male ein Bild unter jeden Satz.

Stecke das Schöpfungsbüchlein in die Tasche.

Als alles fertig war, ruhte Gott sich aus.	Als Sonne, Mond und Sterne fertig waren, erschuf er die Tiere auf der Erde.	Nach dem Himmel erschuf er die Meere, das Land und die Pflanzen.
Am Anfang erschuf Gott das Licht und trennte es von der Dunkelheit.	Gott hat nach den Pflanzen die Sonne, den Mond und die Sterne gemacht.	Als Zweites machte er den Himmel.
	Zum Schluss erschuf er Menschen.	

Was hat Charles Darwin auf seiner langen Forschungsreise festgestellt?

Schneide die Sprechblase aus, die zu Darwins Forschungen passt.

Klebe sie auf die Faltvorlage.

Schneide die Vorlage aus und falte sie.

Klebe die Vorlage auf dein Lapbook.

Alle Lebewesen wurden von Gott geschaffen.

Alle Lebewesen verändern sich.

Schneide die Vorlage aus und falte sie. Das Bild soll vorne sein.

Stelle dir vor, du könntest dir einen fremden Planeten aussuchen, auf dem du leben wirst.

Schreibe oder male in die Klappkarte, wie dieser Planet aussieht und was man dort machen kann.

Klebe die Klappkarte auf dein Lapbook.

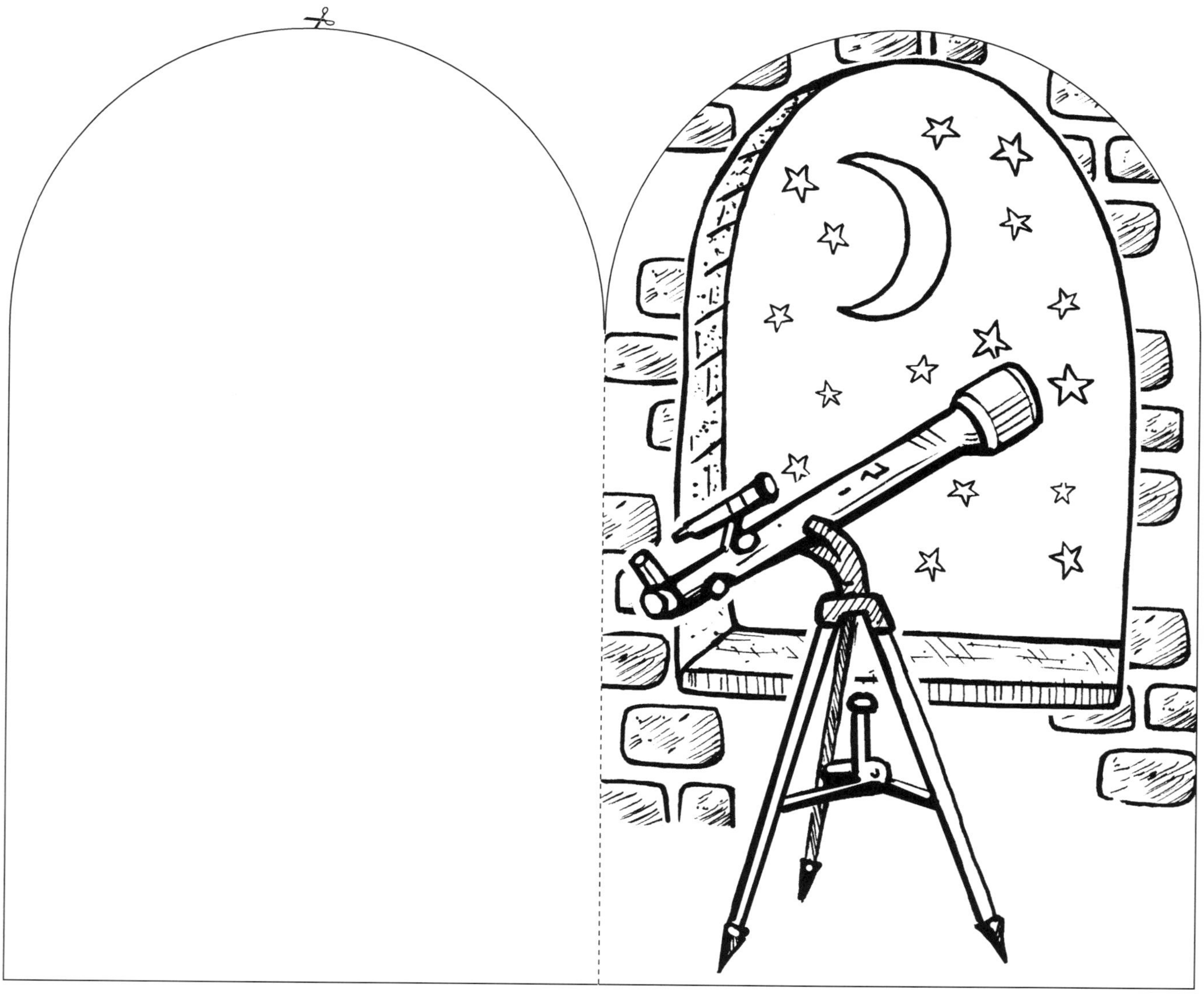

Schneide die Vorlage und den Kreis aus.

Falte die Vorlage. Die Kreisöffnung soll vorne sein.

Stelle dir vor, wie die Menschen in 100 Jahren leben werden. Schreibe oder male in die Klappkarte, was sich in der Zukunft gegenüber heute verändern wird.

Der Kreis ist das Guckloch eines Fernrohrs. Wenn die Klappkarte zu ist, siehst du einen kleinen Ausschnitt von deinem Bild.

Klebe die Klappkarte auf dein Lapbook.

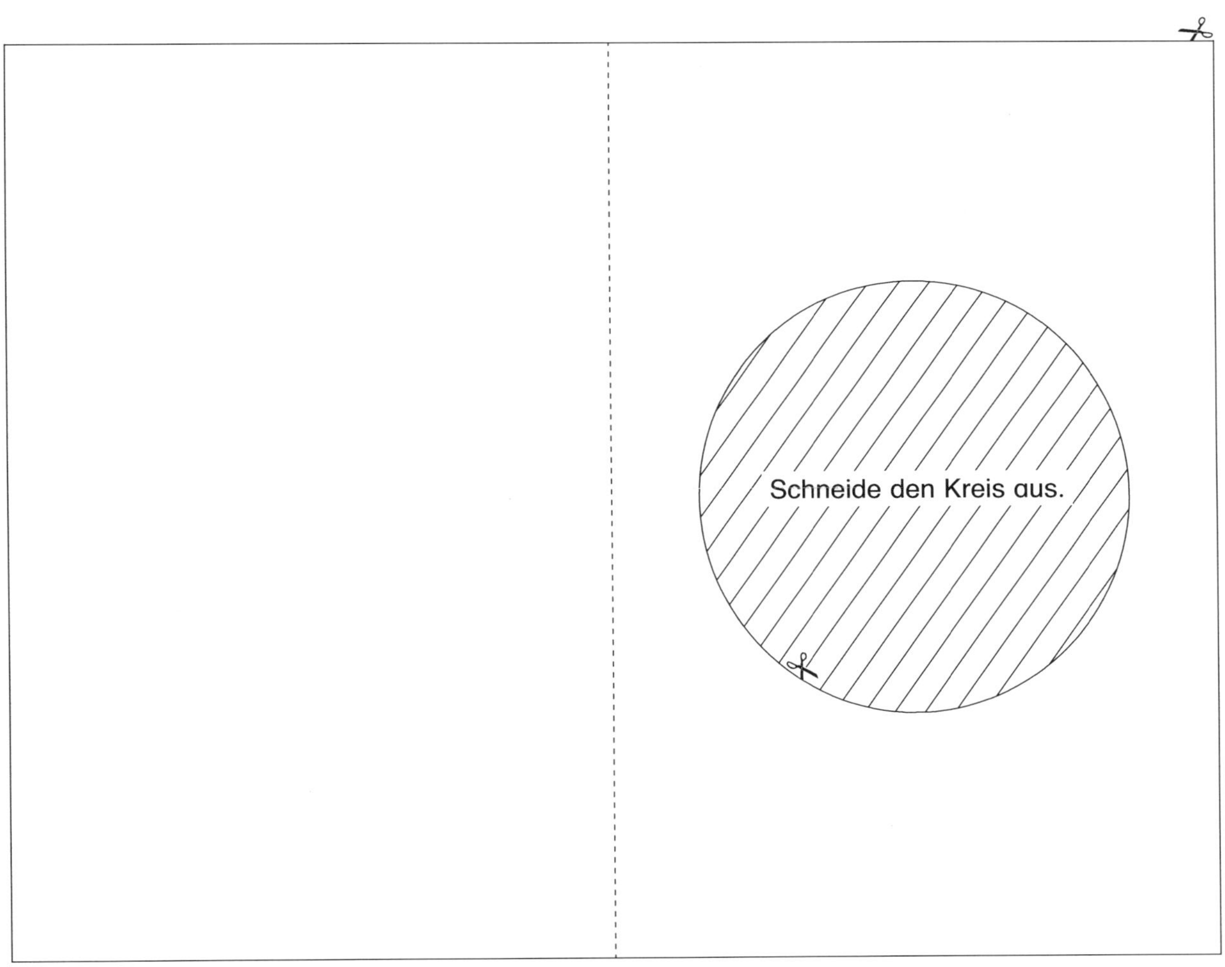

Schneide die Vorlagen aus und klebe sie aneinander.

Falte die Vorlage.

Klebe die letzte Seite des Leporellos auf dein Lapbook.

Wie Fossilien entstehen

Bild 1

Text 1

Klebefläche

Bild 2

Text 2

Bild 3

Text 3

Bild 4

Text 4

Schneide die Karten aus.

Sortiere die Bilder und Texte in die richtige Reihenfolge. Nummeriere sie von eins bis vier.

Klebe die Bilder und die zugehörigen Texte in das Leporello.

○	○	○	○
Plötzlich kommt eine riesengroße Schlammwelle und deckt die Schnecke zu. Katastrophen wie die Sintflut oder Vulkanausbrüche führen solche Massen.	Durch Wind und Wetter wird das Fossil langsam freigelegt. Die Versteinerung zeigt noch die Form der harten Kalkschale des Tieres.	Eine Schnecke kriecht über die Erde.	Die Schnecke kann sich nicht mehr befreien und erstickt im Schlamm. Der Schlamm verfestigt sich und wird steinhart.

Male die Vorlagen für das Deckblatt an und schreibe deinen Namen auf die Linien.

Schneide die Vorlagen aus und klebe sie auf dein Lapbook.

Ich und die Zeit

Dieses Lapbook gehört: ____________________

____

Schneide die Vorlagen aus.

Löse das Rätsel in der Vorlage. Wie heißt die Antwort?

Falte die Vorlage. Das Rätsel soll innen sein.

Klebe die richtige Karte auf den Klappdeckel.

Klebe die Klappkarte auf dein Lapbook.

Schneide die Vorlagen 1–8 aus.

**Klebe die Vorlagen in der Zahlenreihenfolge aufeinander.
Die Vorlage mit der Frage kommt ganz nach oben.**

Klebe den Zettelblock auf dein Lapbook.

① Klebefläche

Uhr

② Klebefläche

Generationen

③ Klebefläche

Jahreszeit

④ Klebefläche

Erinnerungen

⑤ Klebefläche

Tag und Nacht

⑥ Klebefläche

Sanduhr

⑧

Woran erkennt man die Zeit?

⑦ Klebefläche

Kalender

Schneide die Karten aus.

Sortiere die Bilder in den Zettelblock zu den richtigen Überschriften.

Male oder schreibe eigene Beispiele auf die leeren Karten.

Klebe die Bilder auf.

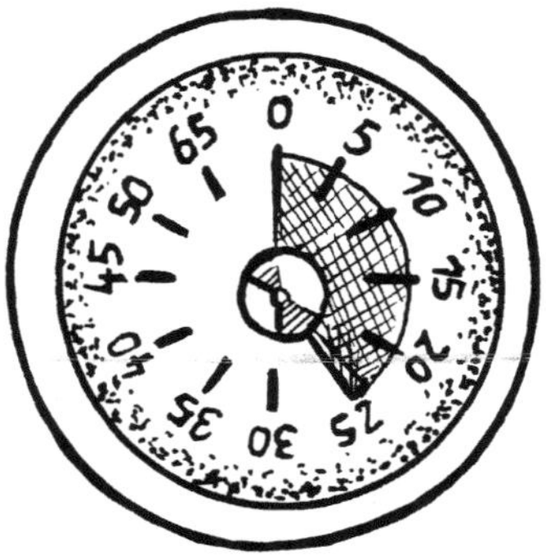

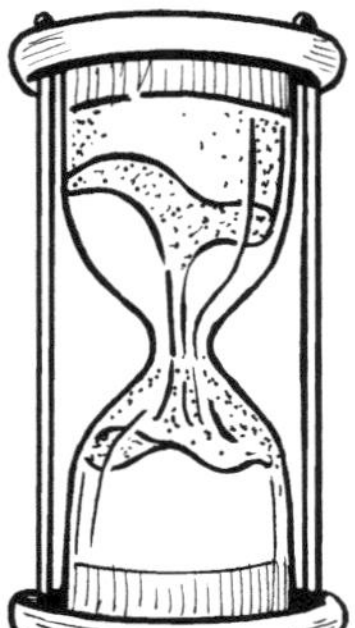

Schneide die Vorlage aus und falte sie.

Klebe die Seitenlaschen fest.

Klebe die Tasche auf dein Lapbook.
Die Öffnung der Tasche soll rechts sein.

Schneide die Vorlagen aus.

Klebe die Vorlagen aneinander.

Falte den Zeitstrahl und stecke ihn in die Tasche.

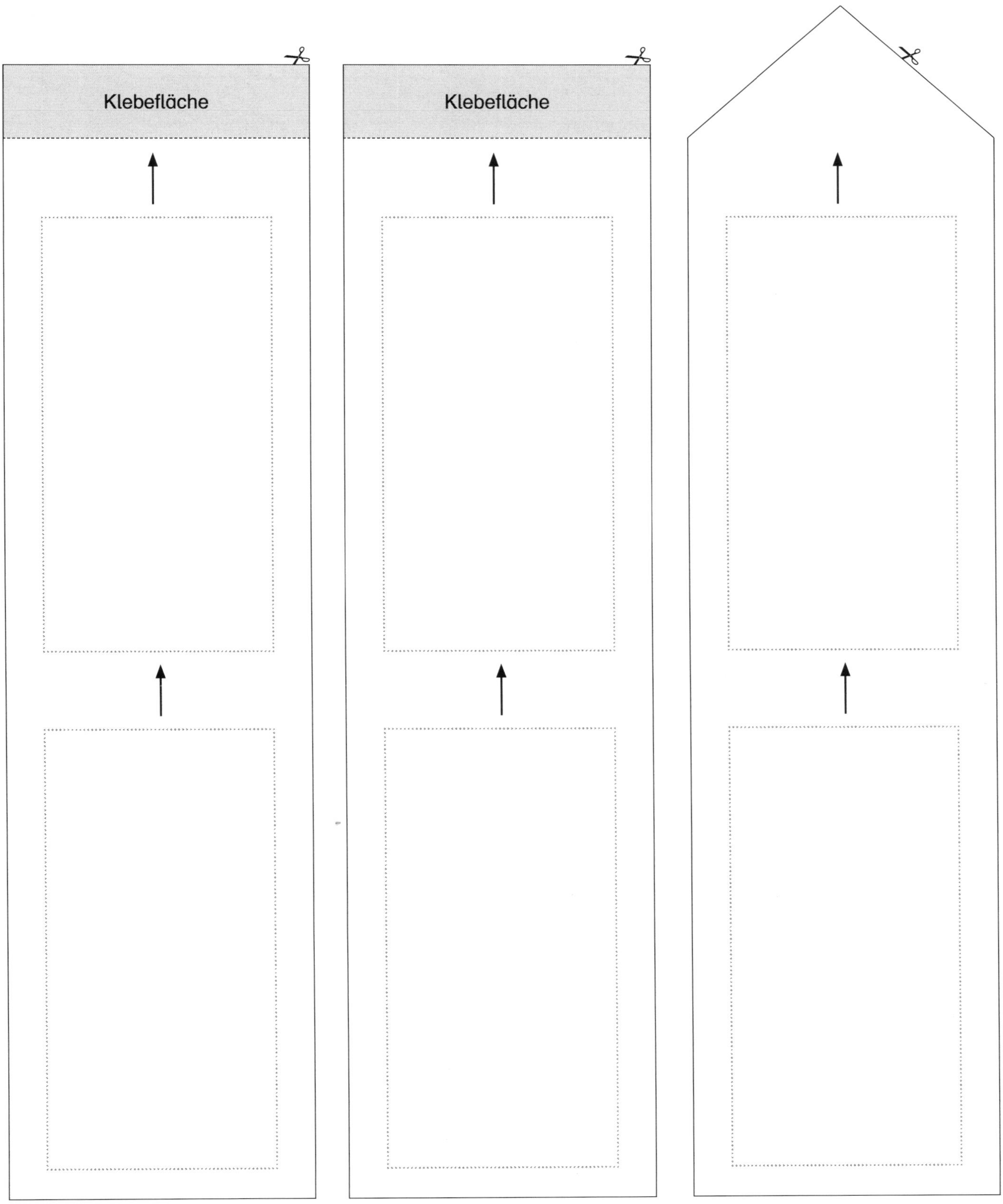

Die Bilder zeigen die Lebensabschnitte eines Menschen.

Schneide die Karten aus.

Sortiere die Bilder (von jung nach alt) in die richtige Reihenfolge und klebe sie auf den Zeitstrahl.

Klebe die Wortkarten neben die richtigen Bilder.

Verliebt sein Ausbildung	Wärme Nahrung Schlaf	Mit Freunden spielen Schule
Beruf Partnerschaft Familie	Laufen und sprechen lernen	Altersleiden Rente

Schneide die Vorlagen und die Bilder aus.

Lege die Drehscheiben aufeinander und verbinde sie mit einer Musterklammer.

Lies die Texte. Für wen vergeht die Zeit ganz schnell und für wen ganz langsam?

Klebe die Bilder zu den richtigen Texten. Gegenüberliegende Felder gehören zusammen.

Klebe die Drehscheibe auf dein Lapbook.

Die Zeit rennt!

Die Zeit schleicht!

Aishe wartet seit fünf Minuten auf ihre Freundin Marla und wird langsam ungeduldig.

Darian schreibt eine Mathematikarbeit und die Lehrerin sagt, dass in fünf Minuten die Stunde zu Ende ist. Darian hat erst die Hälfte der Aufgaben geschafft.

Zeit

Wahrnehmung

Schneide die Vorlage aus und falte sie. Der Text soll außen sein.

Schreibe in die Vorlage, wofür du dir Zeit wünschst.

Klebe die Klappkarte auf dein Lapbook.

Schneide die Vorlage aus und falte sie. Das Bild soll vorne sein.

Man sagt: „Die Zeit heilt alle Wunden."
Schreibe in die Vorlage, was der Satz bedeutet.

Klebe die Vorlage auf dein Lapbook.

Schneide die Vorlage aus und falte sie.
Das Bild soll vorne sein.

Stelle dir vor, du könntest eine Zeitreise machen.

Male oder schreibe in die Klappkarte, in welche Zeit du reisen würdest und was du dort erleben würdest.

Klebe die Klappkarte auf dein Lapbook.

Schneide die Vorlagen aus.

Lege die Drehscheiben aufeinander und verbinde sie mit einer Musterklammer.

Welche Wörter passen zu den Jahreszeiten? Beschreibe jede Jahreszeit mit drei Wörtern. Schreibe sie in den Jahreskreis. (Beispiel Winter: Schnee, kalt ...)

Klebe die Drehscheibe auf dein Lapbook.

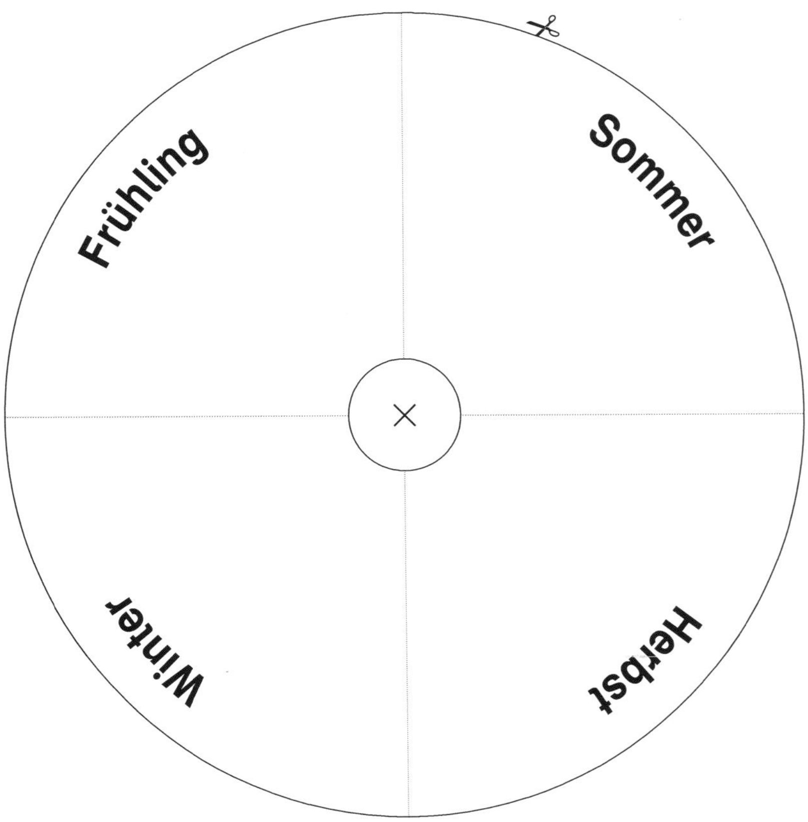

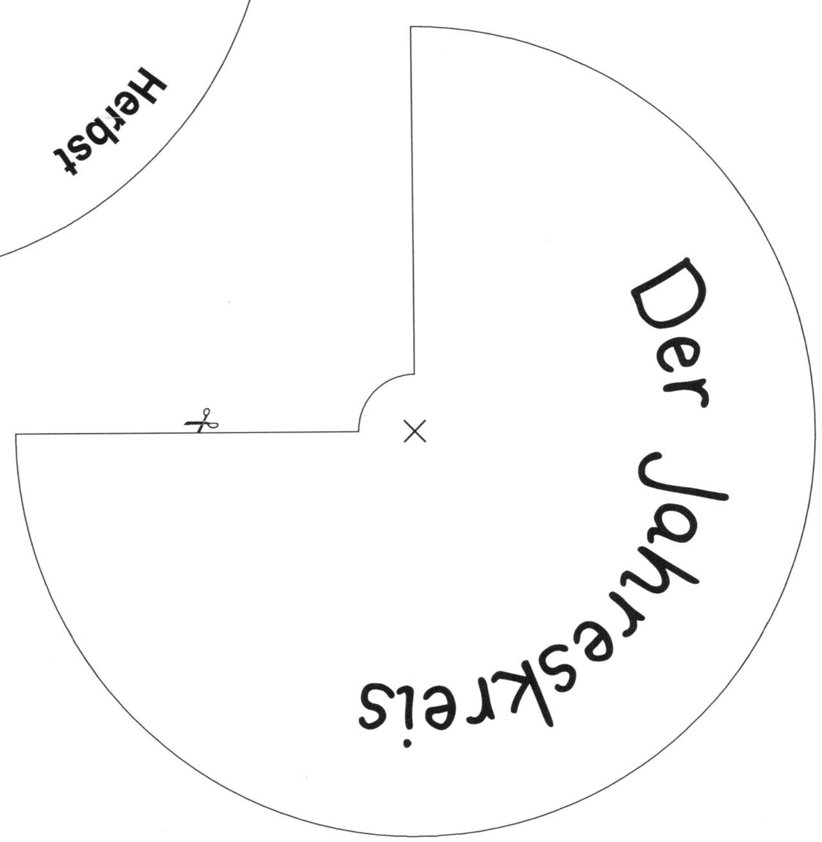

Schneide die Vorlage aus und falte sie.

Klebe die Klappkarte auf dein Lapbook.

Du benötigst: eine Stoppuhr.
Mache die Zeitexperimente.
Schätze erst und messe dann die Zeit.

In das leere Feld kannst du ein eigenes Experiment eintragen.

Zeitexperimente

geschätzt		gemessen
	die Luft anhalten	
	meinen Ranzen mit einem Arm hochhalten	
	die Augen offen halten, ohne zu blinzeln	
	auf einem Bein hüpfen	
	ein Buch auf dem Kopf balancieren	

Male die Vorlagen für das Deckblatt an und schreibe deinen Namen auf die Linien.

Schneide die Vorlagen aus und klebe sie auf dein Lapbook.

Ich und die Vorstellungswelt

Dieses Lapbook gehört: ____________________

____

In diesem Lapbook entsteht ein Schrank mit sieben Schubladen. In den Schubladen sammelst du zu bestimmten Themen deine Wünsche, Vorstellungen und Ziele für die Zukunft. Du kannst die Schubladen auch abschließen.

Zur Aufbewahrung des Schlüssels benötigst du eine Tasche.

Schneide die Vorlagen aus.

Klebe die Tasche auf die Rückseite deines Lapbooks.

Stecke den Schlüssel in die Tasche. Du kannst den Schlüssel auch mit einem Wollfaden an deinem Lapbook festkleben, dann kann er nicht verloren gehen.

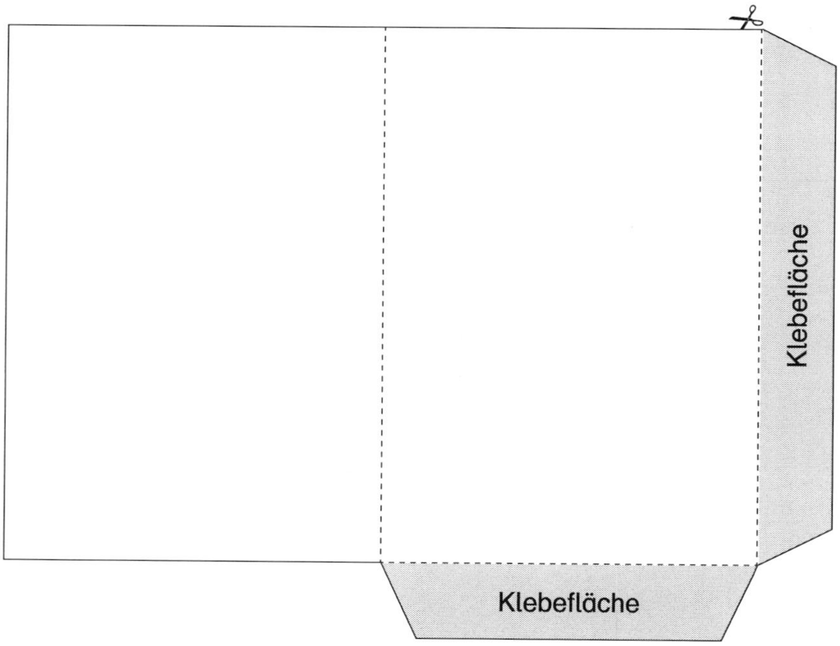

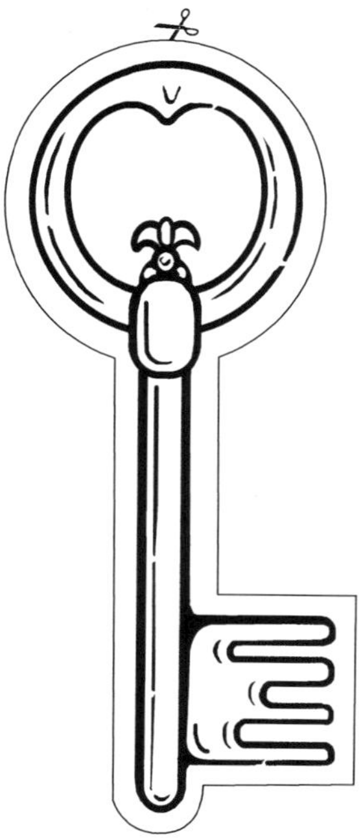

Schneide die Schublade aus und falte sie. Das Schubladenschloss soll vorne sein.

Klebe die Schublade auf dein Lapbook.

Schneide die Weltkugel aus und klebe sie in die Schulblade „Meine perfekte Welt“.

Wie sieht deine ideale Welt aus?

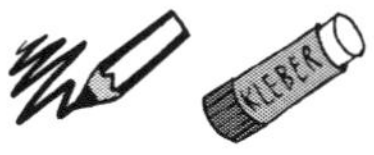

Male oder klebe Bilder in und um die Weltkugel. Du kannst auch die beiden Tauben verwenden. Schreibe Wörter in oder um die Weltkugel.

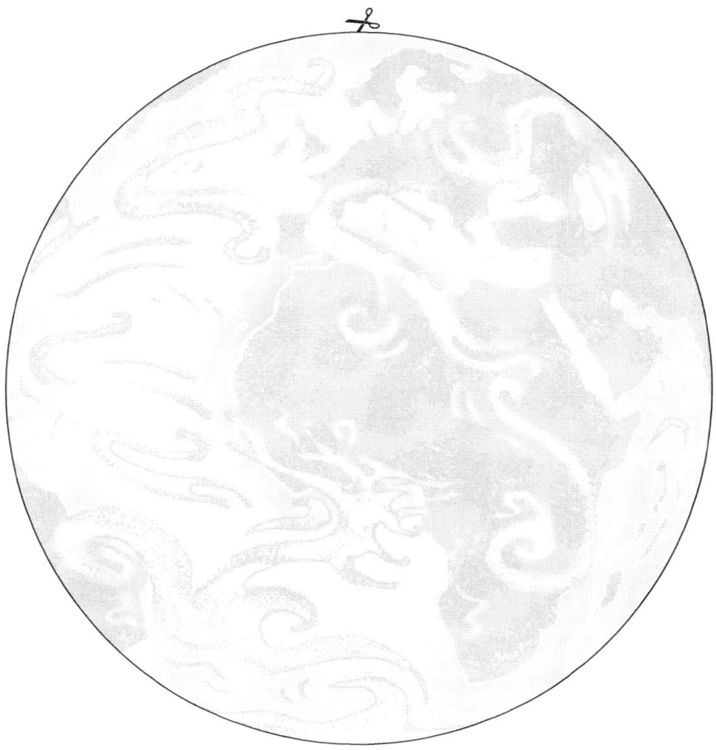

Schneide die Schublade aus und falte sie.
Das Schubladenschloss soll vorne sein.

Klebe die Schublade auf dein Lapbook.

 **Schneide den Briefumschlag aus und falte ihn.**

 **Klebe die Seitenlaschen fest.**

 **Klebe den Briefumschlag in die Schublade „Meine Traumschule".**

Wie sieht deine Traumschule aus? Ist es ein riesiger Spielplatz? Hat deine Schule kunterbunte Wände? Oder hat jeder Schüler einen eigenen Computer?

Schreibe deiner Freundin oder deinem Freund einen Brief, was sich in der Schule ändern soll und wie die perfekte Schule für dich aussieht. Wenn der Platz nicht ausreicht, kannst du auch die Rückseite deines Briefes benutzen.

Schneide den Brief aus und falte ihn zweimal.

Stecke den Brief in den Briefumschlag, der in der Schublade „Meine Traumschule“ ist.

Liebe(r)

Schneide die Schublade aus und falte sie.
Das Schubladenschloss soll vorne sein.

Klebe die Seitenlaschen fest.

Klebe die Schublade auf dein Lapbook.

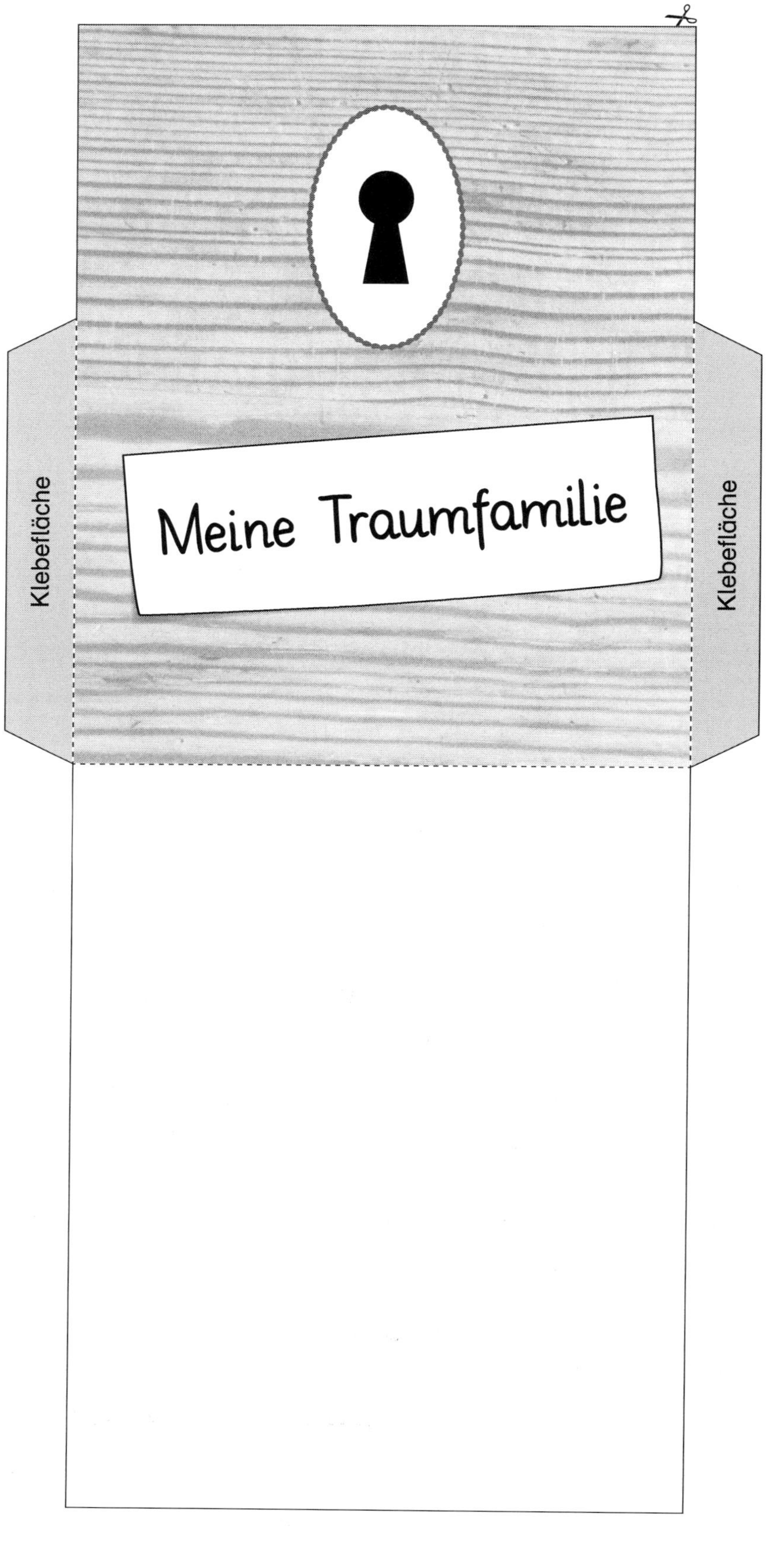

Wie stellst du dir deine Traumfamilie vor?
Soll sich etwas verändern oder soll alles so bleiben, wie es ist?
Wünschst du dir noch Geschwister, vielleicht einen Bruder oder eine Schwester? Welches Alter sollen sie haben?
Wünschst du dir ein Haustier?
Wie stellst du dir dein Zuhause vor oder dein Zimmer?

Schreibe deine Vorstellungen und Wünsche auf die Notizzettel.

Schneide die Notizzettel aus und lege sie aufeinander.

Stecke die Notizzettel in die Schublade „Meine Traumfamilie“.

Diese Schublade benötigst du viermal.

Schneide die Schublade und die Karten aus.

Falte die Schublade. Das Schubladenschloss soll vorne sein.

Klebe die Überschriften auf die Schubladen.

Was würdest du gerne in der Schule und in der Familie verändern? Was kannst du zur Verbesserung der Welt tun?

Schreibe deine Ideen in die Schubladen.

Möchtest du etwas anderes verbessern? Schreibe es in die Schublade „Verbesserungsideen Sonstiges“.

Klebe die Schubladen auf dein Lapbook.

Verbesserungsideen 

Verbesserungsideen 

Verbesserungsideen 

Verbesserungsideen
Sonstiges

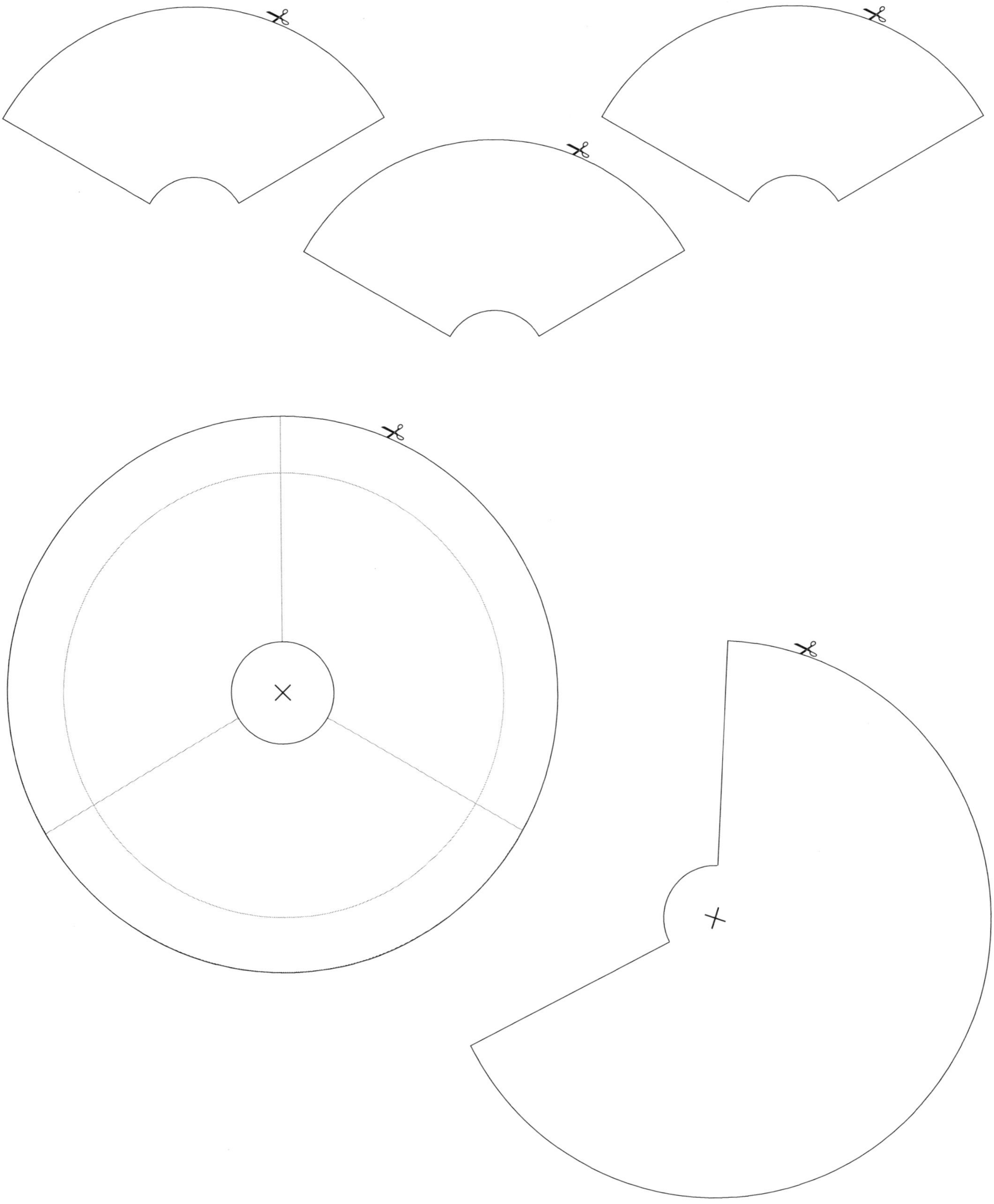

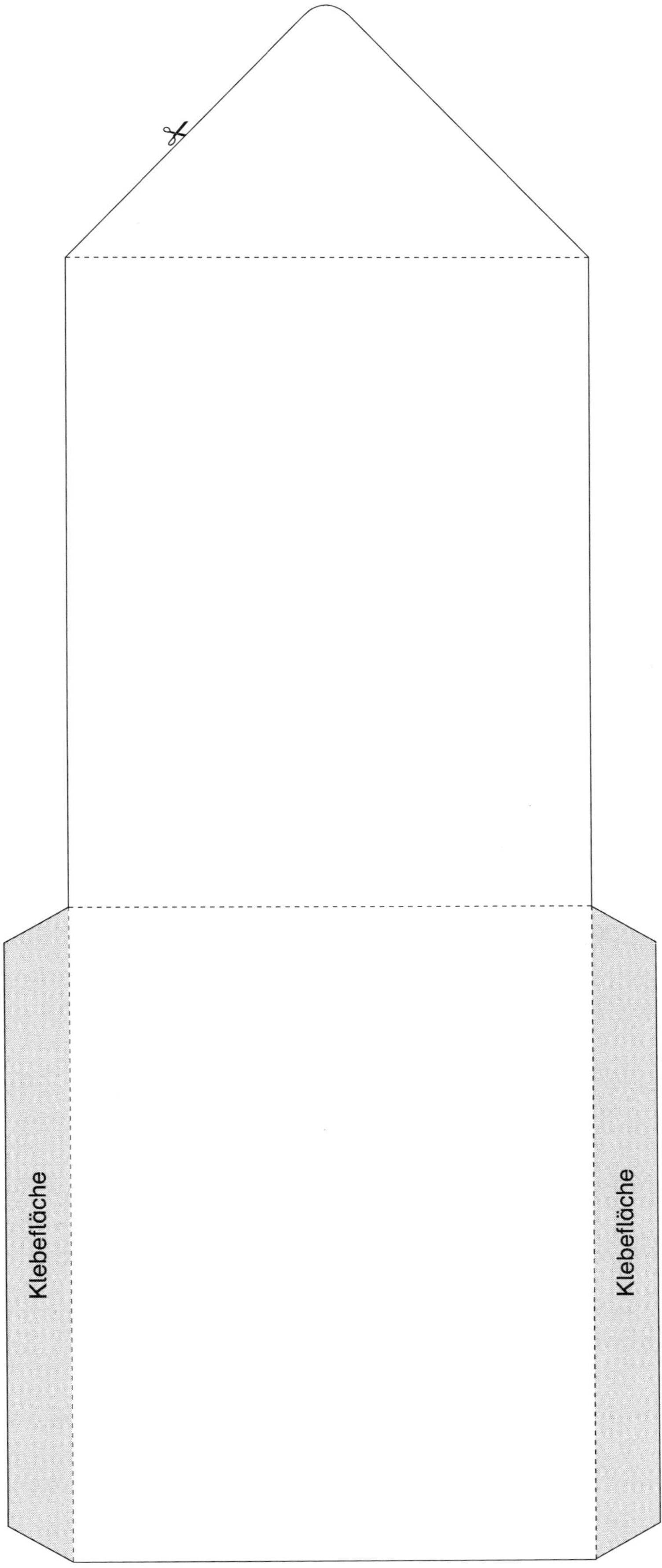
Klebefläche
Klebefläche

Name: ______________________ Klasse: __________ Datum: ______________

Wir erstellen ein Lapbook zu einem selbst gewählten Thema

	3 Punkte	2 Punkte	1 Punkt	0 Punkte
1. Inhalt				
Du kennst dich mit dem Thema gut aus.				
Du stellst die Sachverhalte richtig dar.				
Du verwendest Fachbegriffe.				
Die anderen Kinder lernen etwas durch dein Lapbook.				
2. Gestaltung				
Dein Lapbook macht neugierig.				
Du hast sauber geschnitten, geschrieben und geklebt.				
Dein Lapbook ist gut gegliedert.				
3. Präsentation				
Deine Präsentation ist anschaulich.				
Du hast laut und deutlich gesprochen.				
4. Sonstiges				
Du hast dich nicht ablenken lassen und konzentriert gearbeitet.				
Gesamtergebnis				

Male die erledigten Aufgaben an.